hänssler

VON FRAUEN FÜR FRAUEN

Ich bin so frei!

Vom Geheimnis des Loslassens

herausgegeben von Gerdi Stoll

Anni Reinhold

Gerdi Stoll, geboren 1947, ist Pfarrfrau und Mutter von drei Kindern. Sie war mehrere Jahre als Lehrerin tätig.
Aus ihrer jetzigen Arbeit in Seelsorge, Vorträgen und Begegnungen mit verschiedenen Menschen sind die Beiträge dieses Buches erwachsen.

Die Deutsche Bibliothek – CIP-Einheitsaufnahme

Ich bin so frei! : Vom Geheimnis des Loslassens / hrsg. von Gerdi Stoll. – Neuhausen-Stuttgart : Hänssler, 1992
(Von Frauen für Frauen)
ISBN 3-7751-1856-X
NE: Stoll, Gerdi [Hrsg.]

Von Frauen für Frauen
Bestell-Nr. 391.856

Zitate auf S. 35, 49, 65 aus: John White,
Eltern im Schmerz, Marburg 1989
Titelbild: Bildagentur Mauritius
Umschlaggestaltung: Schnorr v. Carolsfeld
Satz: AbSatz Ewert-Mohr, Klein Nordende
Printed in Germany

Inhalt

1.
Anstelle eines Vorworts

Gebet einer Mutter

Vater im Himmel,
es ist spannend, in der Mitte des Lebens zu stehen.
Ich schaue zurück
– als wäre alles erst gestern gewesen:
der Abschied von den Eltern, der Beginn unserer Ehe,
die erwartungsvolle Freude auf unsere Kinder.
Jahre sind vergangen.
Freude, Sorgen und Krisen haben sie begleitet.
Sie haben uns wachsen und reifen lassen.
Wünsche und Sehnsüchte mußten losgelassen werden,
damit wir entdecken lernen konnten
womit du gerade uns beschenken willst.

Vater, auch heute möchte ich dir meine leeren Hände
entgegenstrecken.
Ich möchte loslassen, was mich in unguter Weise
gefangen hält.
Ich übergebe dir meine Sorgen und Ängste.
Erneuere du meine Gedanken.
Befreie mich von engen Vorstellungen
und erstarrten Gewohnheiten.
Geh du uns voran,
uns und unseren Kindern.
Ich möchte dir auch heute ganz neu vertrauen.
Amen.

Gerdi Stoll

2.
Ablösung – Voraussetzung für gelingendes Leben

Gedanken zur Ablösung aus meiner Lebensgeschichte

Vor einiger Zeit wurde ich anläßlich eines Festtages von meinen Kindern mit einem originellen Päckchen überrascht. Hervor kam ein wunderschöner Teddy.

»Weißt du, Mama«, erklärten sie mir, »der Papa ist so viel unterwegs. In dieser Zeit sollst du auch jemanden in die Arme nehmen und liebhaben können.« Ich dachte nach. Die Kinder hatten tatsächlich eine empfindliche Stelle in meiner Lebensgeschichte berührt:

Ablösung, das Vertraute und Liebgewordene loslassen, das mußte ich in meinem Leben schon recht oft durchbuchstabieren. Es begann mit der Flucht in meiner Kindheit. Als ich später meinen Mann kennenlernte, hieß es, das Elternhaus zu verlassen. Da Pfarrersleute zu den Nichtseßhaften gehören, liegen bereits mehrere Wohnortwechsel hinter uns. Und jedes Mal bedeutete es für die ganze Familie, liebgewordene Menschen loszulassen. Das ist ein Prozeß, der unter die Haut geht und mit Schmerzen verbunden ist.

Ja, und jetzt dauert es nur noch wenige Jahre und Monate, bis auch unsere drei Kinder das Elternhaus verlassen und ihre eigenen Wege gehen werden.

Ablösungsprobleme betreffen uns heute weltweit

Eigentlich sind wir schon recht früh mit einer solchen Situation konfrontiert worden. Denken wir nur an die Geburt, als unser junges Leben von dem der Mutter abgenabelt wurde!

Und am Ende unseres Lebens werden wir endgültig loslassen müssen, was uns seither wichtig und lieb geworden ist – unsere Familie, unseren Beruf, vielleicht auch unser Häusle. Was könnten wir noch ergänzen?

Und was steht zwischen diesen beiden großen Ablösungen?

- Gerade in unserem Jahrhundert sind wir weltweit hineingenommen in die Herausforderung von Völkerwanderungen und Massenflucht.
- Auch in unserem kleinen, überschaubaren Bereich erfahren wir das Wechselbad von Ablösung und Neubindung, wenn wir beispielsweise an Berufswechsel und Arbeitslosigkeit, an Wohnungssuche und Obdachlosigkeit, aber auch an Krankheit und Tod denken.
- Und was den gesunden und natürlichen Ablösungsprozeß in Ehe, Familie und Alleinsein betrifft, müssen wir eine Tatsache bedenken:
  Unser Miteinander leidet zunehmend an Bindungs- und Beziehungsstörungen – und zwar durch alle Altersschichten hindurch.

Ein gelungener Ablösungsprozeß vom Elternhaus hat Auswirkungen auf unsere Erziehungshaltung, auf die Gestaltung unserer Ehen und das Alleinsein. Ein bewußter Umgang mit diesem Prozeß kann auch für andere Ablösungssituationen in unserem Leben hilfreich sein.

Ein gesunder Ablösungsprozeß braucht konkrete Erziehungsziele

(Jetzt haben Sie Gelegenheit, Ihre eigene Kindheit und eventuell auch die Zeit mit Ihren Kindern zu bedenken.)

Unter Ablösung verstehe ich nicht eine radikale Befreiung des Menschen aus allen Abhängigkeiten. Ich möchte es so ausdrücken:

Eine bisher gewachsene Bindung im Eltern-Kind-Verhältnis erfährt eine Wandlung, damit der Heranwachsende selbständig werden und sich neu binden kann.

- Hat er Mut zum Vorwärtsgehen?
- Gerät er in eine Krise? Depression und Magersucht können die Folge sein.
- Tritt er auf der Stelle? Man spricht von den »Bumerang-Kids«. Es sind junge Menschen, die zwar das Nest verlassen haben, jedoch die Ferne und das Alleinsein nicht aushalten und deshalb wieder nach Hause zurückkommen.

Das kann davon abhängen, wie die bisherige Beziehung zu den Eltern gelebt und bewertet wurde.

»Wenn die Kinder aus dem Haus gehen« – so stand es kürzlich in einer deutschen Illustrierten – »fällt die Familie auseinander, überschlagen sich die Gefühle.

Trauer, Schmerz, Erleichterung bei den Eltern.

Abenteuerlust, Ängstlichkeit, Unsicherheit bei den Kindern.«

Beispiel 1: Wolfgang

Genau so haben sich die Eltern des 28jährigen Elektrikers ihr Leben nicht vorgestellt. Immer wenn beide abgespannt von der Arbeit nach Hause kommen, lümmelt sich der Filius auf dem Sofa, mitten in der prallen Gemütlichkeit des elterlichen Wohnzimmers, und fragt vorwurfsvoll:

»Können wir nicht endlich essen? Ich habe Hunger!«

Wenn der Sohn dann auch noch bei seiner Mutter regelmäßig seine schmutzigen Hemden ablädt, anklagend auf fehlende Knöpfe weist und sie um Geld anborgt, obwohl er selbst verdient, schießt ihr irgendwann der Gedanke durch den Kopf:

»Wie lange müssen wir eigentlich für unsere Kinder sorgen?«

Eine problemlose Ablösung ist wohl kaum der Normalfall.

Längere Ausbildungszeiten führen heute dazu, daß die finanzielle Abhängigkeit von den Eltern oft bei weitem über das Alter der Volljährigkeit hinausreicht. Doch für Wolfgang ist das anscheinend kein Problem. Warum hat er in seinem Alter den Absprung in die Selbständigkeit noch nicht geschafft?

Zwei Ursachen halte ich für besonders wichtig:

Unsere Erziehungshaltung steht in der Gefahr, vom Leistungs- und Wohlstandsdenken unserer Zeit belastet zu werden. Als Vater oder als Mutter bin ich so beschäftigt, daß nur noch wenig Zeit und Kraft für eine gute Familiengemeinschaft übrig bleibt. Der Mangel an Geborgenheit und persönlicher Zuwendung führen in eine innere Verwahrlosung. Und gerade sie wären das

Fundament für eine stabile Persönlichkeitsentwicklung unserer heranwachsenden Kinder.

Doch dann gibt es auch noch die Verwöhnung, die durch übertriebenes Bemuttern flügge werdende Kinder zu Nesthockern macht.

Loriots Film »Ödipussi« ist hierfür ein Paradebeispiel. In diesem Fall hat die überbehütende Mutter für ihren 50jährigen noch alleinstehenden Sohn mehr getan, als er selber verlangt hat.

Gott hat uns zu seinem Ebenbild geschaffen. Er erachtet uns für so wertvoll, daß wir unsere Lebensführung selbständig und eigenverantwortlich vor ihm gestalten sollen. Unsere Erziehungshaltung kann dazu einen wichtigen Beitrag leisten.

Das kann bereits im Kleinkindalter auf spielerische Weise geschehen.

Ich denke dabei

- an die Mitarbeit zu Hause, die dem Kind das Gefühl gibt, daß es wichtig ist
- an die Weckung seiner Entscheidungsfreudigkeit, wenn es selber ein Spiel aussuchen soll
- an die Einübung von Verantwortung: Was du auf den Spielplatz mitnimmst, bringst du wieder mit nach Hause. Ich hole es nicht.

Im Schulalter können folgende Aufgaben hinzukommen:

- Auswahl der Kleidung
- Betreuung eines Haustieres
- Verantwortung fürs eigene Zimmer
- Übernachtung bei einem Freund
- Zumutung von Arbeiten, die nicht immer angenehm sind (Hausaufgaben, Hof kehren).

Unsere Kinder merken genau, ob wir ihnen etwas zutrauen und uns durch eine konsequente Erziehung, durch Lob und Anerkennung an ihren selbständigen Schritten mitfreuen.

Gerade ängstliche und eher zurückhaltende Kinder sind auf eine solche Ermutigung angewiesen, damit ihr Selbstvertrauen auf dem Weg ins Erwachsenwerden gestärkt werden kann.

- Trauen wir unseren Kleinen zu, daß sich die Tränen der ersten Kindergartentage doch noch in frohe Erwartung verwandeln?
- Und wenn unser Erstkläßler von der heiß geliebten Lehrerin schwärmt, halten wir es innerlich aus, daß wir als Mutter bei unserem Kind nicht mehr die erste Geige spielen?
- Ist es wirklich notwendig, daß ich mein Kind bei schlechtem Wetter immer in die Schule fahre oder ihm jedes liegengebliebene Vesperbrot nachtrage?

  Mit solch kleinen Schritten beginnt bereits die Ablösung, und zwar nicht nur vom Kind aus: auch Vater und Mutter müssen loslassen.

  Wir brauchen keine Supereltern zu sein. Unsere Kinder sollen wissen, daß wir einen 24-Stunden-Fulltimejob gar nicht durchhalten könnten.
- Ich habe es nicht geschafft, auf jedes Weinen meiner Kinder sofort einzugehen.
- Ich weiß, daß im Kleinkindalter eine stabile Bindung für die emotionale Entwicklung meines Kindes wichtig ist. Dennoch bin ich auch einmal ersetzbar und kann mein Kind einem anderen Menschen anvertrauen. Das soll eine Entlastung besonders auch für alleinerziehende Mütter sein!

- Unsere Kinder sollten recht bald erfahren, daß wir auch in der Ehegemeinschaft Zeit füreinander brauchen
- und daß ihre Mutter neben Haushalt und Erziehung vielleicht auch noch weitere Interessen hat.

Und wenn unsere Kinder größer werden, brauchen sie keine Besserwisser und Alleswisser. Sie suchen ein lebendiges Gegenüber, das zu sich selber stehen kann. Sie wollen sich doch an uns orientieren, das Mädchen eher an der Mutter, der Junge eher am Vater. Sie wollen wissen, welchen Sinn das Leben hat, wie Gemeinschaft eingeübt wird und Konflikte und Krisen bewältigt werden können. Und das geschieht ja alles zu einer Zeit, in der Gefühlsschwankungen, Wünsche und Sehnsüchte den Weg ihrer eigenen Ichfindung begleiten. Da müssen auch wir Spannungen aushalten lernen.

Legen wir unsere Kinder fest, indem wir sie in ein selbstausgedachtes Wunschbild pressen? Oder versuchen wir sie zu verstehen in ihrer von Gott geschenkten Einzigartigkeit – auch dann, wenn ihre Licht- und Schattenseiten uns zu schaffen machen?

Kinder sind eine Leihgabe. Unsere Fürsorge wird stets begrenzt bleiben – sogar in schweren Zeiten, die uns an den Rand der Verzweiflung bringen. Wenn die Tür zum Erwachsenwerden offenstehen soll, brauchen wir alle miteinander Kraft, Mut und Vertrauen zum Überwinden unserer ganz natürlichen Ablösungsschmerzen – wir Eltern ebenso wie auch unsere Kinder.

Kürzlich schrieb mir ein junges Mädchen:

»Gestern hatte meine Mutter den 50. Geburtstag, und wir Kinder erstellten ihr am Abend ein fünfgängiges Menü. Zwei meiner Brüder spielten Kellner für die

20 Gäste, und ein Bruder und ich betätigten uns in der Küche. Die Mutter schickten wir am Nachmittag mit Vater auf einen Ausflug, so daß wir in Ruhe alles vorbereiten konnten.«

Nicht jeder von uns hat durch seine Erziehung soviel Mut und Selbständigkeit erworben. Unselbständigkeit und das Gefühl der Hilflosigkeit können tatsächlich angelernt sein und uns bis ins Erwachsenenalter hinein zu schaffen machen. Doch sie müssen uns nicht ein Leben lang bestimmen. Sie sind verlernbar. »Wenn Kinder aus dem Haus gehen ...« – können wir ins Staunen kommen!

Warum soll das nicht auch für uns Erwachsene in unseren eigenen Lernprozessen gelten?

Ein gesunder Ablösungsprozeß – die Voraussetzung für das Gelingen einer reifen Ehe

Nun klettern wir unsere Lebensleiter einige Sprossen weiter hinauf. Da muß man sich gut festhalten, sonst könnte man leicht ins Wanken geraten, das junge Paar ebenso wie seine Eltern.

Beispiel 2

Ein junges Paar zieht nach der Heirat in das Elternhaus des jungen Ehemannes. Schon bald nach den Flitterwochen sieht die junge Frau ihr Gefühlsleben bedroht. Sie spürt eine deutliche Veränderung ihres Mannes, sobald er seiner Mutter begegnet. Oft kommt sie sich überflüssig vor und leidet im stillen.

Haben wir etwas bemerkt?

Der Platz in der ersten Reihe neben dem jungen Mann ist noch nicht freigegeben. Zwar zählt seine Frau jetzt mit zur Familie, doch ist ihr Mann innerlich noch nicht abgelöst. Er ist weiterhin besetzt von den Erwartungen, Wünschen und Lebensgewohnheiten seiner Mutter. Auch sie hat ihn innerlich noch nicht losgelassen. Solch eine Beziehungsstörung zwischen Mutter und Sohn läßt so manche Ehe erst gar nicht zustande kommen. Und wieviele bereits geschlossene Ehen werden dadurch auseinandergebracht! In der Bibel wird folgendes ausgesagt:

»Darum wird ein Mann seinen Vater und seine Mutter verlassen und seinem Weibe anhangen, und sie werden sein *ein* Fleisch.« (1. Mose 2,24)

Dieses »Verlassen« ist ein Gebot aus Gottes guter Schöpfungsordnung:

- Es meint nicht, daß den Eltern der Abschied gegeben wird und man sich nicht mehr um sie kümmern möchte.
- Es fordert eine radikale Veränderung der Beziehung – sowohl vom Mann als auch von der Frau aus. Erst wenn ich selber aus der kindlichen Versorgungsmentalität ausgestiegen bin, bin ich stabil genug, um mich in eine partnerschaftliche Ehebeziehung einzubringen und mich dem anderen hinzugeben. Das betrifft auch den selbständigen Umgang mit meinem Denken, Fühlen und Wollen.

Als Eheleute gehören wir jetzt so eng zusammen, wie nicht einmal das Verhältnis zwischen mir und meinen Eltern war. Damit kommt ein Prozeß in Gang, der harte Arbeit erfordert – über Monate und Jahre hinweg.

Wir brauchen Zeit, um zu lernen, einander zu verstehen und zu schätzen. Dabei spielen sowohl unsere Vorzüge als auch unsere Begrenztheiten eine Rolle. Weil wir uns in einem gemeinsamen Wachstumsprozeß befinden, werden wir auch Fehler machen. Da wird der Vergleich mit den Eltern (»Meine Mutter kann das viel besser«, »Ich wünschte, du wärst so wie mein Vater!«) eher belasten als hilfreich sein. Wie weh kann ständige Kritik und Nörgelei tun, und wie sehr sehnen wir uns doch alle nach Anerkennung und Ermutigung – wir Frauen ebenso wie auch unsere Männer!

Ich hörte einmal eine Schwiegermutter sagen:

»Wenn ich zu meinen Kindern fahre, sehe ich einfach immer gleich, wo es fehlt, wo ich es aufgrund meiner Erfahrung besser machen könnte. Aber ich möchte mich zurückhalten. Auch ich habe einmal ganz von vorne angefangen.«

Wie sehr sind doch junge Eheleute auf einen Schonraum angewiesen!

Erinnern wir uns an die Faustregel: Die Wohnung der jungen Leute sollte mindestens 50 km vom Elternhaus entfernt sein!?

Das ist zwar nicht immer möglich. Doch beruht diese Regel auf so manchen belastenden Ablösungserfahrungen.

Jede von uns kann von solchen Erfahrungen betroffen sein. Auch Alleinstehende werden manche der nun folgenden Erfahrungen nachvollziehen können.

- Immer wenn ich meine Mutter nicht rechtzeitig besuche, bekommt sie Migräne und ich ein schlechtes Gewissen.
- Wenn das Telefon klingelt, habe ich Angst, es könnte

meine Mutter sein, die mir wieder Vorwürfe machen will.

- Mein Mann muß seine Mutter jeden Tag anrufen. Mich selber läßt er an seinen Problemen nicht teilnehmen.
(Wir Mütter sind starke Bezugspersonen unserer Kinder – Das kann gefährlich werden, wenn wir damit Macht ausüben.)
- Er geht sofort auf jeden Termin seiner Eltern ein, ohne mich in die Entscheidung mit einzubeziehen.
- Ich weiß, daß die Geschenke und Hilfeleistungen unserer Eltern bzw. Schwiegereltern gut gemeint sind, doch fühle ich mich nicht frei.
- Ich bin für meine Kinder überflüssig geworden. Wofür lebe ich jetzt überhaupt noch, wo sie mich doch gar nicht mehr brauchen?

Kann es sein, daß Wohlstand, zunehmender Individualismus und Egoismus in unsere Beziehungen hineinwirken? Unsere Anspruchshaltung und unsere Erwartungen nehmen zu. In vielen Lebensbereichen fühlen wir uns überfordert. Und damit wächst auch die Angst vor zuviel Nähe.

Ich glaube, wir brauchen viel Behutsamkeit und Besonnenheit, um in unserem Miteinander die richtige Entscheidung zu treffen, um einfühlender miteinander umzugehen.

Adolf Sommerauer:

Das sicherste Mittel, Kinder zu verlieren, ist, sie für immer behalten zu wollen.

Bedenken wir doch als Eltern, die einmal im leeren Nest zurückbleiben werden, daß der Abschied von unseren wegfliegenden Kindern mit Schmerzen verbunden ist. Er geschieht nicht unter Vollnarkose. Selbst in einer harmonischen Familie tun diese Schmerzen weh.

Wie gerne denke ich selber an so manch wertvolle Kaffeestundengespräche mit meinen Töchtern oder Dämmerungsgespräche mit meinem Sohn. Wieviel Farbe bringen sie mit ihrer Originalität, aber auch mit ihren Konflikten in unseren Alltag hinein.

Doch ist mir eines dabei jetzt schon wichtig geworden:

- Zurücksehen aus Dankbarkeit ist erlaubt.
- Zurücksehen, das zum Zurücksehnen wird, kann blockieren.
- Nicht nur wir Eltern sollen unsere Kinder loslassen. Auch unsere Kinder müssen uns freigeben, damit wir unser Leben noch einmal ganz neu in die Hand nehmen können, ganz egal, ob alleinstehend, verwitwet oder zu zweit.

»Die Stunde des Abschieds von den Kindern ist die Stunde der Ernte für die Ehe der Eltern« (Irmela Hofmann).

Lassen wir uns das als Eltern doch schon in jungen Jahren sagen!

Unsere Kinder kommen und nach 20 Jahren gehen sie vielleicht wieder.

Unser Ehepartner bleibt, und wir haben die Chance, unsere Lebensgemeinschaft auf weitere 20-30 Jahre zu gestalten. Was bleibt: Frust oder Freude?

Wie schön, wenn ein junger Mensch sagen kann:

»Ich kann gehen, ohne daß meine Eltern verbittern oder zerbrechen.«

»Ich kann gehen, weil auch meine Mutter ein neues Aufgabenfeld entdeckt hat.«

Denn auch als alleinerziehende Mutter soll ich einmal innerlich Abschied nehmen von meinem Kind. Wie stark kann eine solche Bindung sein, weil das Kind nur auf *einen* Erwachsenen fixiert ist und gleichzeitig seine Liebe und Zuwendung mir als Mutter wohltut. Wie wichtig ist die rechtzeitige Pflege von Beziehungen und persönlichen Interessen, sonst falle ich in ein Loch, wenn ich in meinem Kind kein Gegenüber mehr habe.

In einem alten Schlager heißt es:

»Die erste Liebe deines Lebens war deine Mutter, vergiß das nie.«

- Das wollen wir als Kinder unserer Mütter selber nicht vergessen!
- Doch lassen wir noch einen weiteren Gedanken zu, wenn wir selber Mutter geworden sind:
  Stellen wir uns doch einmal – ohne bitter zu sein – zurück, damit die zweite große Liebe im Leben unserer Kinder in der ersten Reihe Platz nehmen kann!

Lassen wir unsere Töchter los und binden gerade unsere Söhne nicht an uns, damit sie einmal ihren eigenen Lebensweg annehmen können!

Ein gesunder Ablösungsprozeß setzt Kräfte frei für einen eigenständigen Lebensweg

Beispiel 3

Eine alleinstehende Frau mittleren Alters wohnt einige hundert Kilometer von ihren Eltern entfernt. Beruflich hat sie eine gute Position, persönlich einen treuen Freundeskreis und eine hübsche, einladende

Wohnung. Und doch lebt sie innerlich wie in einem Gefängnis. Sie möchte so gerne voll und ganz in ihrem selbst aufgebauten Lebenskreis stehen, aber innerlich spürt sie ein Gefesseltsein an ihre Eltern. Ihre gestörte Beziehung zu ihnen, verbunden mit tiefen seelischen Verletzungen, belastet ihre eigene Gefühlswelt.

Ja, trotz räumlicher Entfernung scheint die seelische Nabelschnur manchmal einem Gummiband zu gleichen, das sich noch in beliebiger Weite ausdehnen kann.

Konkret kann diese Nabelschnur im Alltag wie folgt empfunden werden:

- Das bereits weggezogene Kind spürt den seelischen Druck, der durch Tränen und psychosomatische Erkrankungen der Eltern ausgelöst wird.
- Leidvolle Familienumstände – wie Tod, Krankheit, Sucht und Scheidung – schweißen beide Generationen derart zusammen, daß eine Ablösung zur äußersten Zerreißprobe werden kann.
- Auch negative Verhaltens- und Denkmuster aus Kindheit und Jugendzeit können das Gefühlsleben des sich Ablösenden derart stören, daß er sich und sein Leben nur verzerrt wahrnehmen kann:
  z. B. »Wenn du mich nicht hättest ...«
  »Du schaffst dein Leben einmal gar nie allein ...«

Er kommt sich vor, als stünde er auf einem Bahnhof. Ein Zug nach dem anderen fährt ein, doch er getraut sich nicht einzusteigen.

Ja, wir können erwachsen geworden und dennoch in der Haltung eines unmündigen Kindes steckengeblieben sein. Seelsorgerliche Begleitung kann Hintergründe aufdecken, während ich selber aus meiner Betroffenheit heraus nicht dazu in der Lage bin.

So kann z. B. übertriebener Ehrgeiz mich ständig in Unruhe versetzen, weil ich unbewußt immer noch nach der Anerkennung suche, die ich im Elternhaus nicht erfahren habe.

Hierzu einige Denkanstöße:

- Die Flucht ins Selbstmitleid wäre ein gefährlicher Räuber meiner Lebenskraft.
- »Wer noch als Erwachsener seinen Eltern die Schuld an seinen Fehlern und Schwächen gibt, ist kein reifer Mensch. Mit dem Loslösungsprozeß vom Elternhaus beginnt der eigene Erziehungsprozeß.«*
  In einem solchen Erziehungsprozeß kann ich lernen, meine Fluchtwege in Frage zu stellen und zu korrigieren. Dazu will mich Gott mit seiner bedingungslosen Liebe befreien.
- Daraus erwächst Mut, Empfindungen und Bedürfnisse offen auszusprechen. Nicht jedem von uns wird dies leichtfallen. Wir sind unterschiedlich geprägt und veranlagt. Doch ständige Anpassung und Selbstaufgabe wären ein gefährlicher Boden, auf dem stilles Leiden wuchern und uns krank machen kann.
  Z. B. darf ich mir als Alleinstehende eingestehen, daß auch mein Freiraum eingeschränkt ist und ich nicht zu jeder Zeit und für jedermann zur Verfügung stehen kann.
- Auch als Erwachsene sollten wir lernen, von unserem Idealbild bezüglich unserer Eltern Abschied zu nehmen. Wir haben nicht das Recht, unsere Eltern zu ändern. Deshalb wird es Zeiten geben, wo Unstimmigkeiten einmal ausgehalten und stehengelassen wer-

* Gerda Orth: »Vorurteile« in »Frauen. Ein Werkbuch für die Arbeit in der Gemeinde« (Hg. E. Diehl und E. Wetter), Wuppertal, 1989, S. 257

den müssen. Eine solche Krise kann uns die Chance zur Neubesinnung und zur Neubewertung unserer gemeinsamen Situation geben.

- Wo ich gelernt habe, mich selber realistisch einzuschätzen, auch mit meinen Schwächen und Begrenztheiten, kann ich den anderen von seinem Standort aus und aus seiner Lebensgeschichte heraus besser verstehen lernen.
- Wo wir mit uns am Ende sind, kann Gottes Liebe in unsere Beziehungen hineinwirken und Mauern zertrümmern. Können wir uns vorstellen, daß daraus die Bereitschaft zum Vergeben und Miteinander-neu-Beginnen erwachsen kann?

Und wenn meine Gefühlswelt mich dennoch nicht zur Ruhe kommen läßt?

Ja, da brauche ich viel Geduld mit mir selber. Denn neben aller Enttäuschung und Bitterkeit hat Gott mir einen Willen gegeben. Mit ihm kann ich zwar belastende Gefühle nicht ohne weiteres abtöten, aber er gewährt dennoch Schutz, so daß ich mich nicht völlig von diesen lebenszerstörenden Kräften beherrschen lassen muß. Möglicherweise leide ich auch weiterhin an meinen negativen Gefühlen, weil auch sie von der Unerlöstheit der Schöpfung gezeichnet sind. Doch daß es einen gibt, der mich vorbehaltlos liebt – Jesus Christus –, bleibt ein Geheimnis. Das kann ich nicht immer fassen, aber ich darf es glauben.

»Wir sollen es zulassen, daß das Heil in Christus in unseren Alltag und unsere Psyche hinein ›überschwappt‹ und dort zur Heilung wird.«*

* Hansjörg Hemminger: »Gefühle – sich und andere verstehen«, Stuttgart, 1990, S. 37.

Seine Liebe kann mich verändern.

Aus dem Wissen um unsere Begrenztheit gewinnt das 4. Gebot »Du sollst deinen Vater und deine Mutter ehren« (2. Mose 20,12) seine eigentliche Bedeutung.

Es ist eine große Würde für uns unvollkommene Eltern, wenn unsere Kinder innerlich und äußerlich abgelöst sind und das bisherige Liebesverhältnis in Achtung und Ehre uns gegenüber umwandeln können.

Geben wir ihnen doch durch unser Verhalten Gelegenheit dazu!

Wer an Gott gebunden ist, kann Ängste loslassen und im Vertrauen Ablösungsprozesse wagen

Hanna Ahrens hat einmal gesagt:

»Manchmal ist alles, was ich tue, durch Angst bestimmt: Angst um meinen Mann, daß ihm auf seinen Wegen und Reisen etwas zustoßen könnte. Angst um die Kinder und ihre Zukunft.

Ich sehe all das Bedrohliche und Gefährliche und möchte sie davor bewahren; ... Ich möchte ihnen Schweres ersparen und Steine aus dem Weg räumen ... Wieviel Überschätzung liegt darin und wieviel Unglauben. Ein Rechnen nur mit meinen Möglichkeiten, nicht mit Gottes Macht und seiner Liebe. Ich wünschte mir, daß ich für die Kinder so viel Zuversicht und Mut hätte, wie ich für mein eigenes Leben hatte! Nichts schien mir unmöglich. Und gerade das Aussichtslose weckte alle Kräfte in mir.«*

* Hanna Ahrens: »Die kleinen Hindernisse«, Gießen, 1987, S. 52.

- Angst lähmt. In einer solchen Haltung verkrampfe ich mich und werde auch die Kinder eher verlieren.
- Vertrauen auf Gott ist der Schlüssel zu einer getrosten Ablösung. Er schenkt meinen Kindern und mir die nötige Portion Mut, die wir zum gemeinsamen Vorwärtsgehen brauchen.

Gott selber hat seinen Sohn losgelassen, damit wir durch seinen Tod und seine Auferstehung befreiten Zugang zu seinem Vater finden können.

Erinnern wir uns an die alttestamentliche Geschichte von Abraham. Im Vertrauen auf Gott konnte er alle Sicherheiten loslassen: seine Heimat, sein Elternhaus, seine Verwandtschaft und selbst seinen langersehnten Sohn.

Dabei machte er eine wunderbare Erfahrung: Gott stellte ihn nicht ins Leere.

Er gab ihm einen Auftrag und füllte ihn neu aus.

Als unsere älteste Tochter zum ersten Mal alleine mit dem Zug fuhr, sagte sie beim Abschied: »Mama, ich schaff das schon!«

Als ein Abiturient nach der Führerscheinprüfung zum ersten Mal seine Mutter chauffierte, ermutigte er sie beim Starten: »Vertrau doch einmal deiner eigenen Erziehung!«

Als während des Golfkrieges ein in Israel arbeitendes junges Mädchen seine Mutter anrief, beruhigte sie ihr Gemüt: »Mama, du brauchst keine Angst um mich zu haben. Hier ist mein Platz, an den mich Gott gestellt hat.«

Und schließlich ein junger Mann, der gerade seine erste eigenständige Wohnung einrichtet: »Ich bin froh, daß sich meine Eltern verstehen, das hat mir das Ablösen leichter gemacht. Sie haben mich sogar ein wenig aus dem Nest geschubst. Im Nachhinein war das genau richtig für mich.«

Ja – wir können voneinander lernen: Wir Erwachsene von unseren Kindern und manchmal auch umgekehrt.

Der Teddy, den mir meine Kinder geschenkt haben, erinnert mich daran, daß ich sie einmal im Vertrauen loslassen möchte. Selbst wenn Sackgassen und Umwege uns bevorstehen sollten, will ich festhalten an der Hoffnung, daß uns der lebendige Gott miteinander verbindet. Wenn ich meine Kinder loslasse, sind sie nicht allein, denn ich lasse sie los in die Hand Gottes.

Ich wünsche mir,

- daß wir dankbar zurückschauen können, ohne uns zurücksehnen zu müssen.
- daß wir einander noch nicht aufgeben, wo belastende Erfahrungen zwischen uns stehen. Gott kann harte Herzen aufweichen – und zwar auf beiden Seiten.
- daß wir uns für nachher und für morgen Gelassenheit schenken lassen,
- und deshalb den Mut haben, unser Hier und Jetzt ganz bewußt zu gestalten, und zwar alleinstehend ebenso wie im Miteinander.

Gerdi Stoll

Loslassen

Loslassen heißt manchmal
aus der Hand geben,
um etwas anderes zu ergreifen.

Loslassen heißt manchmal
hergeben, unsicher warten und suchen,
weil das Neue nicht sofort greifbar ist.

Loslassen heißt manchmal
festhalten und kämpfen
weil etwas zu lieb gewonnen wurde.

Loslassen heißt manchmal
heftig losgerissen werden,
um vor Schaden bewahrt zu bleiben.

Loslassen gilt es nicht nur Sachen,
sondern auch
Personen, Vorstellungen, Gewohnheiten.

Loslassen im richtigen Moment
kann ich nur im Vertrauen,
daß Gott mich nicht zu kurz kommen läßt,
weil er mich so sehr liebt.

Das sicherste Mittel,
Kinder zu verlieren,
ist, sie für immer
behalten zu wollen.

ADOLF SOMMERAUER

Der Mensch kann nicht
zu neuen Ufern vordringen,
wenn er nicht den Mut aufbringt,
die alten zu verlassen.

GIDE

3.
Loslassen und Neues wagen

Erfahrungsbericht

Ich möchte Sie an einigen Situationen meines Lebens teilhaben lassen, an die ich mich zurückerinnert habe.

Ablösung ist eine Lebensaufgabe und kein Schicksalsschlag.

In der Zeit vor meiner Hochzeit wurde mir zum ersten Mal bewußt, was es heißt, sich vom vertrauten Elternhaus abzulösen, um sich auf einen neuen, unbekannten Weg einzulassen.

Am Tag des Umzugs und in der darauffolgenden Zeit bemerkte ich, wie abhängig ich doch noch von meiner Mutter war.

Jede Woche machte ich geschwind einen Abstecher zu ihr, um mit ihr die wichtigsten Ereignisse zu besprechen oder manch guten Rat einzuholen.

Kaum zwei Jahre war ich mit meinem Mann verheiratet, als uns schon eine schwere Zeit bevorstehen sollte. Ihr stand ich recht mutlos gegenüber.

Während eines Krankenhausaufenthaltes wurden bei meinem Mann mehrere Untersuchungen vorgenommen. Der Arzt erklärte mir:

»Ihr Mann ist unheilbar krank.«

In den folgenden Jahren mußte er viele Schmerzen aushalten. Sehr starke Medikamente machten ihn so abhängig, daß er ohne sie gar nicht mehr leben konnte und wollte. Dadurch veränderte sich auch seine Persönlichkeit. Davon wurde unser Zusammenleben neu geprägt.

Bei vielen Krankenhauseinweisungen begleitete ich ihn. Und jedesmal empfand ich ein schmerzhaftes Sich-von-ihm-Ablösen. Wie oft bangte ich um sein Leben!

Beim Rückblick muß ich daran denken, wie freudig und voller Gewißheit ich doch vor ein paar Jahren versprochen hatte, meinem Mann in Freud und Leid liebend beizustehen. Doch nun kam ich öfters an meine Grenzen. So manches Mal riß mir der Geduldsfaden, und ich wurde schuldig an meinem Nächsten.

Wie froh war ich damals für den starken Rückhalt bei meinen Eltern! Besonders die fürsorgliche Unterstützung meiner Mutter half mir, diese Lebenssituation zu bewältigen.

Mit 36 1/2 Jahren wurde ich Witwe. Trotz der langen Krankheitszeit meines Mannes kam sein Tod viel zu überraschend und plötzlich. Fassungslos stand ich allein – ohne Mann, ohne Kinder – in meiner Wohnung. Ich kam mir vor, als ob mir jemand den Boden unter den Füßen weggezogen hätte.

Zum ersten Mal erfuhr ich, was es bedeutet, einen geliebten Menschen ganz loszulassen. Dabei empfand ich tiefen Schmerz und Einsamkeit. In dieser Traurigkeit konnte ich Gottes Handeln nicht mehr begreifen. Die ständige Frage nach dem Warum quälte mich. Gute Nachbarn und Bekannte nahmen sich Zeit und wiesen mich auf Gottes Hilfe und Trost hin. Das Lesen in der Bibel gewann für mich eine ganz neue Bedeutung.

Es tat mir auch wohl, daß gute Freunde mich manchmal aus meiner Umgebung herauslockten. Ich nahm an verschiedenen Kursen und Freizeiten teil.

Nach einigen Jahren fragte mich mein jetziger Mann, ob ich seine Frau und seinen drei Kindern im Alter von 4 - 8 Jahren Mutter werden wollte. Seine Frau war durch einen tragischen Verkehrsunfall ums Leben gekommen.

Diese Entscheidung fiel mir nicht in den Schoß. Ich wollte mich nicht leichtfertig binden.

Somit stand mir wieder eine neue Ablösung bevor. Denn mit drei Kindern konnte ich meinen bisherigen Beruf nicht mehr ausüben. Ich mußte meinen liebgewordenen, langjährigen Arbeitsplatz aufgeben. Auch stellte ich mir die Frage – obwohl ich mir Kinder doch immer so sehr gewünscht hatte: »Kann ich diesen Kindern tatsächlich eine gute Mutter werden mit so wenig Erfahrung?«

In einem seelsorgerlichen Gespräch erhielt ich Gewißheit:

Ich muß nicht perfekt sein. Ich darf es wagen.

Ja – wir haben geheiratet. Trotz der Bedenken meiner Mutter. Und ich habe es nicht bereut. Heute kann ich berichten, daß es trotz mancher Last und Sorge wertvoll ist, Frau und Mutter in einer Familie zu sein.

Wir haben viel Frohes und Schönes erlebt. Doch wurden wir ebenso auch durch Belastungen herausgefordert.

Mittlerweile sind wir soweit, daß mein Mann und ich in einem neuen Ablösungsprozeß stehen.

Unsere Kinder werden flügge. Im letzten Jahr flog unser ältester Sohn für ein Jahr als Entwicklungshelfer nach Uganda. Der Abschied fiel mir nicht leicht. Wie gerne hätte ich ihn noch festgehalten! Doch wir wollen lernen, damit einverstanden zu sein, daß unsere erwachsenen Kinder ihre eigenen Pläne verwirklichen.

Vor kurzem erzählte uns eine unserer Töchter, sie wolle für einige Zeit nach Peru gehen, um in einem Missionskindergarten zu arbeiten. Sie erklärte uns: »Für mich ist das ein Schritt, den ich wagen möchte. Ich weiß, es wird nicht einfach sein. Aber ich möchte lernen, mich in diesem wichtigen Dienst selbständig zu entfalten.«

Mir ist es wichtig geworden, daß sich meine Kinder vom Elternhaus ablösen können. Gleichzeitig darf ich sie aber Gott anvertrauen und im Gebet begleiten.

Ich merke, daß ich nun Zeit habe für andere wichtige Aufgaben. Zum Beispiel ist mir die Mitarbeit beim Frühstückstreffen für Frauen ans Herz gewachsen. Auch der Einsatz in verschiedenen Gruppen unserer Gemeinde bereitet mir große Freude.

Ich möchte auch weiterhin lernen, daß wahre Liebe loslassen kann.

Denn: Man kann ja nur gewinnen, was man zu verlieren bereit ist. Auf diesem Weg möchte ich eine Staunende bleiben und mich beschenken lassen.

Gretel Lutz

4.
Preisgabe – Zitat

Ich weiß nicht,
welche großen oder kleinen Ziele
Gott mit Ihren Kindern verfolgt.
Ich weiß aber,
wieviel größeren Frieden
Sie haben werden,
wenn Sie erkennen,
wie wichtig Preisgabe ist
und wie absolut sicher
Sie gehen können,
wenn Sie Ihre Kinder
in die Hand Gottes legen.

John White

5.
Reifung durch Loslassen

Unsere natürlichen Schwierigkeiten beim Loslassen

Vielleicht kennen Sie die Geschichte von dem kleinen Kind, dem ein von der Tante geschenkter Groschen in eine Vase gefallen ist. Um ihn wieder herauszukriegen, greift es mit seiner Hand in die Vase hinein, und bekommt das Geldstück auch zu fassen. Das hält es nun in seiner kleinen Faust fest umklammert, um es darin wieder ans Tageslicht zu befördern. Und nun geschieht das – zumindest für das Kind – Erstaunliche: Dieselbe Hand, die – geöffnet – mühelos in den Hals der Vase hineinkam, schafft als Faust diesen Rückweg nicht.

Erwachsene mögen dem Kind nun zureden, die Hand zu öffnen, um so aus diesem »Vasengefängnis« herauszukommen. Aber es fürchtet um seinen Groschen und meint, ihn nur so wiederbekommen zu können. Solange es seine uneinsichtige Haltung nicht aufgibt, hat es zwar den Groschen in seiner Hand – aber um welchen Preis! Die Hand ist in der Vase gefangen, während der losgelassene Groschen sich mühelos durch die Vasenöffnung herausschütteln ließe und so wieder zu seinem kleinen Besitzer käme.

Wir lächeln. So etwas kann uns nicht passieren! – Wirklich nicht? Kennen wir nicht auch solche »Groschen-Festhalte-Situationen« in unserem Leben? – Vielleicht haben wir bei manchen Gelegenheiten schon gelernt, unsere Faust rascher zu öffnen. Doch das mußten wir sehr bewußt üben, denn von Natur aus liegt es uns gar nicht so besonders. Und doch ist unser ganzes Leben von der Notwendigkeit dafür durchwoben, auch und gerade dann, wenn es sich später um mehr als »nur einen Groschen« handelt.

Perfektion um jeden Preis – eine Machtfrage

zu Hause

Hand aufs Herz, liebe Mütter! Wird es nicht gerade der tüchtigen und »perfekten« Hausfrau zuweilen sehr schwer, einmal etwas von ihrer Arbeit »loszulassen«?

Unsere Kinder brauchen schon recht früh praktische Betätigungsfelder, um eigene Erfahrungen sammeln zu können. Fangen wir deshalb doch frühzeitig damit an, folgende entmutigende Aufforderungen »loszulassen«:

»Das kannst du noch nicht.«

»Das dauert bei dir so lange.«

»Du machst mir damit mehr Arbeit, als daß du mir hilfst.«

Wenn wir dieses »Loslassen« frühzeitig einüben, ersparen wir uns später den Ärger »alles alleine machen zu müssen«.

Mit ermutigenden Verhaltensweisen dagegen öffnen wir nicht nur unseren Kindern, sondern sogar auch unserem Ehepartner die Tür, im Haushalt aktiv zu werden.

Ja, und später können wir zu einem gesunden Familienklima dadurch beitragen, daß wir unsere eigenen Erfahrungen, unsere Tüchtigkeit und Perfektion nicht unseren Töchtern bzw. Schwiegertöchtern überstülpen.

im Beruf

Was bedeutet es, Perfektion um jeden Preis am Arbeitsplatz »loszulassen«?

Beispiel 1

Eine neue Kollegin wird eingestellt.

Vielleicht ist eine lange Zeit der Überlastung vorausgegangen und nun kommt endlich Hilfe! Doch das heißt jetzt zugleich für mich, mein Arbeitsgebiet aufzuteilen. Von einigem trenne ich mich ja ganz gerne, anderes jedoch möchte ich »fest im Griff behalten«! Bestimmte Dinge kann die »Neue« vielleicht noch nicht, zumindest nicht so gut wie ich. Ich bin auch gar nicht so sehr darauf erpicht, sie richtig einzuweisen, aus Furcht, daß sie ihre Arbeit eines Tages wirklich gut beherrscht, am Ende sogar besser als ich. Ihre Fehler sind ein stiller Triumph für mich.

Diese Einstellung kaschieren wir dann meist mit anderen Argumenten, z. B. ›Es geht um die »Sache«.‹ ›Es geht um die »Firma«.‹

Auf diese Weise können wir das Nicht-Loslassen-Wollen geschickt unter einem sachlichen Deckmäntelchen verstecken.

Beispiel 2

Eine Frau hat viele Jahre lang an der Seite ihres Mannes in einer Einrichtung mitgearbeitet, in der er die Leitung hatte. Nach seiner Berentung arbeitet sie dort weiter, da sie noch jünger ist als er. Sie hat ihr bisheriges Arbeitsfeld behalten, nur Frau des Leiters ist sie nun nicht mehr. Das geht nicht ganz ohne innere Kämpfe ab. So macht es ihr z. B. Kummer, daß der Hauptschlüssel nicht mehr – wie all die Jahre zuvor – in ihren Händen liegt.

Keine Tür, kein Schrank waren ihr verschlossen; nun sind ihr mit einem Mal Grenzen gesetzt. Andere müssen jetzt die Verantwortung tragen.

In solch einem Fall reicht eine formelle Abgabe des Hauptschlüssels nicht aus. Nur ein inneres »Loslassen« der Schlüsselgewalt kann die Machtfrage lösen.

in der Gemeinde

Wie sieht es mit der Machtfrage in der Gemeindearbeit aus?

Beispiel 3

Eine sehr engagierte, fähige Mitarbeiterin hat eine Fülle von Tätigkeiten übernommen. Nun ist sie auch noch für eine neue Aufgabe angefragt und macht sich aus Zeitgründen auf die Suche, um eine weitere Mitarbeiterin zu gewinnen. Da stellt sie fest: Im tiefsten Inneren möchte sie eigentlich gar keine Ablösung, keine Nachfolgerin für ihr bisheriges Amt. Eine Hilfskraft wäre ihr lieber, der sie auch weiterhin ihre Anweisungen erteilen könnte.

Diese meist unausgesprochene »Ohne-mich-geht-nichts«-Haltung scheint uns für unser Selbstwertgefühl oft so unerläßlich wichtig zu sein.

Solange wir von der Machtfrage beherrscht sind, drehen wir uns nur um uns selber und haben einen engen Blickwinkel.

Gott sieht über unseren Horizont hinweg. Er kann uns entkrampfen und dazu befreien, daß wir uns selbst nicht mehr so wichtig nehmen.

Daß man dabei nicht zu kurz kommt, hat Abraham, ein Mann im Alten Testament, erfahren:

Abram kehrte mit seiner Frau und seinem ganzen Besitz in den südlichsten Teil des Landes Kanaan zurück. Auch sein Neffe Lot begleitete ihn. Dann zog er von Lagerplatz zu Lagerplatz bis zu der Stelle zwischen Bethel und Ai, wo er zuerst seine Zelte aufgeschlagen und einen Altar für Gott gebaut hatte. Dort betete er zum Herrn.

Abram war sehr reich. Er besaß große Viehherden und viel Silber und Gold. Auch Lot, der mit ihm zog, hatte viele Schafe, Ziegen und Rinder sowie zahlreiche Knechte und Mägde.

Das Weideland reichte nicht aus für die Viehherden der beiden; sie konnten auf die Dauer nicht zusammenbleiben. Außerdem wohnten damals noch die Kanaaniter und die Perisiter im Land.

Als es zwischen den Hirten Abrams und Lots wieder einmal Streit gegeben hatte, sagte Abram zu seinem Neffen: »Es soll kein Streit zwischen uns sein, auch nicht zwischen unseren Hirten. Wir sind doch Brüder, und das Land ist groß genug! Das beste ist, wir trennen uns. Ich lasse dir die Wahl: Du kannst nach Norden gehen, dann gehe ich nach Süden; du kannst auch nach Süden gehen, und ich gehe nach Norden.«

Lot schaute sich nach allen Seiten um. Er sah, daß es in der Jordanebene reichlich Wasser gab und alles grün war bis hinab nach Zoar. Bevor der Herr Sodom und

Gomorra zerstörte, war es dort wie im Paradies oder im Niltal.

Deshalb entschied sich Lot für die Jordangegend, und die beiden trennten sich. Abram blieb im Land Kanaan; Lot zog nach Osten ins Gebiet der Jordanstädte. Im Lauf der Zeit kam er mit seinen Zelten bis nach Sodom. Die Bewohner Sodoms aber führten ein schändliches Leben, das dem Herrn mißfiel.

Nachdem sich die beiden getrennt hatten, sagte der Herr zu Abram: »Sieh dich nach allen Seiten um! Das ganze Land, das du von hier aus sehen kannst, will ich für immer dir und deinen Nachkommen geben. Ich will deine Nachkommen so zahlreich machen, daß niemand sie zählen kann; er müßte sonst den Staub auf der Erde zählen können! Durchzieh das ganze Land in allen Richtungen; es ist dein Besitz, ich gebe es dir.«

Abram zog mit seinen Zelten weiter und nahm seinen Wohnsitz in Hebron, bei den Eichen von Mamre. Dort baute er einen Altar für den Herrn.
(1. Mose 13,1-18)

Frage:

Welche Beweggründe mag Abraham gehabt haben, daß er auf seine Rechtsansprüche verzichten und sie loslassen konnte?

Trauen wir es Gott zu, daß er auch unsere Lebenssituationen viel umfassender im Auge hat und weit besser für uns eintreten kann, als es uns je möglich wäre? Wieviel Zeit und Kraft, wieviel körperliche und geistige Anstrengung wird von uns an diesem Punkt oft so völlig sinnlos vergeudet. Am Ende stehen wir dann abgekämpft, mit leeren Händen da!

Und bedenken wir dabei:

Die Haltung des Loslassens geschieht in diesem Fall nicht aus Bequemlichkeit, Gleichgültigkeit oder falscher Passivität heraus. Ihr Motor ist das Vertrauen zu Gott, daß er mich nicht zu kurz kommen läßt.

Loslassen von Wunschvorstellungen – zugunsten der Liebe

zwischen den Ehepartnern

Liebe vollzieht sich nicht im luftleeren Raum. Sie ist auf Schutz und Begrenzung angewiesen.

Unrealistische Wunschvorstellungen können die Liebe gefährden. Zeit zum Nachdenken und gemeinsamen Gespräch sind äußerst wichtig, um feststellen zu können, welche Idealbilder, welche Denkmuster und Gewohnheiten eine Beziehung blockieren und deshalb aufgedeckt und losgelassen werden müssen.

- Bedenken wir in unserer Beziehung die Ausgewogenheit von Geben und Nehmen?
- Nehmen wir gegenseitig Rücksicht auf unsere Wünsche und Bedürfnisse?
  Zum Beispiel: Urlaubs-, Freizeit- und Wochenendgestaltung, Eßgewohnheiten, Gestaltung des Tagesrhytmus, u. a.
- Sind wir miteinander bereit, um des Ehepartners willen jeweils unseren seitherigen Wohnort zu verlassen, bzw. unser Elternhaus loszulassen?
- Bin ich bereit, auch einmal auf Wünsche zu verzichten, weil der Partner damit überfordert wäre?

- Den Ehepartner ändern zu wollen, setzt unter Druck. Habe ich auch schon meine Eigenarten erkannt? Denn erst wenn sie mir bewußt geworden sind, kann ich sie auch loslassen.
  Solche Eigenarten können durch unreflektierte Denkmuster gefördert worden sein, wie zum Beispiel:
  »Aufräumen ist Frauensache«
  »In der Küche hat der Mann nichts zu suchen«
  »Der Mann regiert das Geld«
  »Kindererziehung ist Frauensache«
  »Denken ist Männersache«
  »Männer zeigen keine Gefühle«
  »Abends ist Fernsehzeit. Da will ich meine Ruhe.«

Wenn wir auch das gute Bemühen haben, an unseren Eigenarten zu arbeiten, so werden wir uns dennoch gegenseitig verletzen.

Umso wichtiger ist ein offenes Begegnen, in dem wir dem anderen die Möglichkeit geben, an unseren Empfindungen teilzunehmen. Erst dann kann ein aufrichtiges »Entschuldige bitte« – »Vergib mir« – »Ich vergebe dir« ausgesprochen werden.

Vergebungsbereitschaft ist dann ein Prozeß, in dem das eigene Beleidigtsein und das Schuldigsein bedingungslos losgelassen werden.

zwischen Eltern und Kindern

Eltern bekommen mit dem Geschenk des Kindes von Gott nicht nur die Verantwortung für seine Versorgung und sein Wohlergehen übertragen. Ebenso wichtig ist ihre Verantwortung für die Persönlichkeitsentwicklung ihres Kindes in der Erziehung. Und gerade letzteres hängt – viel enger als wir meinen – mit der Lösungsbereitschaft der Eltern, insbesondere der Mutter, zusammen.

Hierzu einige Markierungen auf diesem Weg:

- Schon mit der Geburt ist eine Mutter herausgefordert, ihr Kind herzugeben. Es krampfhaft festzuhalten, würde das Leben von beiden bedrohen. Eltern sein, besonders auch Mutter sein, heißt: Loslassen können zum Leben!
- Es ist wunderbar, wenn so ein kleines Kind seine ersten Schritte tut, meist an der Hand der Mutter. Doch zur natürlichen Entwicklung gehört es, daß das Kind eines Tages die Hand seiner Mutter losläßt, um selbständige Schritte zu wagen.
  Wie groß ist doch unser Bemühen, unser Kind richtig anzuleiten und loszulassen. Doch wenn Angst und Sorge um den Weg des Kindes in den Vordergrund treten, möchten wir es gerne besonders festhalten oder auf den Armen tragen.

Wir hoffen, es auf diese Weise vor dem Fallen und Stolpern bewahren zu können. Später geht es dann meist noch um mehr als den »Teppichrand« oder die »unebene Treppe«. Doch hier ist von Anfang an zwar kein gleichgültiges, wohl aber sehr waches Loslassen des Kindes – aus Liebe – gefragt. Es soll ja durch Fallen und Aufstehen eigene Erfahrungen sammeln, um wirklich auf beiden Beinen stehen und in die gewünschte Richtung gehen zu können. Nur das Kind, das »fallen darf«, lernt aufzustehen. Und wie wichtig ist das für später! Nur das Kind, das selbständige, wenn auch noch wacklige Schritte von der Mutter weg tun darf, kann freiwillig wieder auf die Mutter zukommen und in ihren Armen landen!

Dagegen wird eine fesselnde bzw. festhaltende Liebe, die ganz unterschiedliche Hintergründe haben kann (Tod eines Elternteils, Scheidung, Krankheit, Sucht, Kind als Partnerersatz in einer gestörten Ehe bzw. bei einem alleinerziehenden Elternteil und Angst vor dem »leeren Nest« u. a.) nicht zur Lebensstabilität beitragen.

Wer fesselt, verliert.

Wer losläßt, gewinnt zurück in einer ganz neuen Weise. Darin liegt ein Geheimnis verborgen. Kann es sein, daß wir uns schon längst eine Festhaltetechnik angeeignet haben, in der das Kind von uns bereits in die Rolle des Ersatzpartners gedrängt worden ist? Später kann es sich darin sehr wichtig, aber auch sehr bedrängt fühlen.

Das Motto: »Du brauchst mich« wird dann vielleicht noch gewaltsamer umschlagen in den Hilfeschrei: »Ich brauche dich!«

Eine solche Beziehung bindet, verpflichtet und macht unfrei für gesunde Reifungsprozesse in Ehe und Alleinsein.

Bei Familie Müller kommt es immer dann zu einer Kraftprobe, wenn das junge Ehepaar einmal etwas gemeinsam unternehmen möchte. Da ist dann ein geplanter Ausgang am Abend und erst recht ein bevorstehender Urlaub für die Mutter Anlaß genug, um ihren Machtanspruch geltend zu machen, indem sie plötzlich krank oder zumindest unpäßlich wird. Und wenn sie Glück hat, ist die Unternehmung der jungen Leute »gelaufen«, noch ehe sie begonnen hat. Die Mutter aber hat sich mittlerweile wieder recht gut erholt.

Kinder sind von Anfang an *nie* Besitz, sondern immer nur Leihgabe Gottes. Nur gelöste Liebe ist wirkliche Liebe. Scheinliebe dagegen will immer selbst im Mittelpunkt bleiben. Wirkliche Liebe hat das Wohl des anderen im Auge.

Im großen Unterschied zu Mutterhänden, die ein Kind nur über eine begrenzte Wegstrecke leiten und begleiten, reicht Gottes Hand über eine Lebenslänge hinaus. Wohl der Mutter, die von Anfang an und immer wieder ihre Kinder diesem Gott anvertraut und an ihn loslassen kann – aus Liebe!

Loslassen –
um der Freiheit willen

Da bin ich noch einmal ganz persönlich angesprochen. Es geht um meine innere Freiheit, egal, ob ich verheiratet oder alleinstehend bin.

In unserem Leben tauchen Hindernisse auf, die unumgänglich zu sein scheinen. Doch wenn wir ständig mit dem Kopf gegen diese Mauern der Unmöglichkeit anrennen, geht eben nicht immer die Mauer zuerst kaputt, sondern manchmal auch unser Kopf, d. h. wir selber mit unserer ganzen Person.

Hier sind so manche Lebenswünsche angesprochen, die erträumt, aber immer noch nicht verwirklicht worden sind.

Zum Beispiel:
Berufswünsche
die Sehnsucht nach einem Lebenspartner
der noch unerfüllt gebliebene Kinderwunsch
das innere Alleinsein als Frau in der Ehe u. a.

Ein aufrichtiges Ja zu solch einem Lebensverzicht ist nicht immer leicht auszusprechen. Doch bedenken wir, was geschieht, wenn wir weiterhin an unsere Wünsche gebunden, gefesselt bleiben. Wir werden auf Dauer unfrei. Aber das muß nicht so bleiben. Vreni Theobald berichtet in ihrem Buch »Ich bin eine Frau«, wieviel Kummer ihr lange Zeit hindurch der Verzicht auf eigene Kinder bereitet hat. Doch im Loslassen dieses Herzenswunsches an Gott ist sie zu einem »erfüllten Leben trotz unerfüllter Wünsche« gekommen. In solch einer Situation hält Gott für uns eine bis dahin unbekannte Weite und Freiheit bereit. Vorher haben wir vielleicht, gleichsam wie durch Scheuklappen eingeengt, nur auf die Erfüllung unseres Anliegens gestarrt; Gott will aber auch in dieser Beziehung unsere Füße auf weiten Raum stellen.

Der Psalmbeter sagt: »Du stellst meine Füße auf weiten Raum« (Psalm 31,9).

Geben wir ihm – durch unsere Bereitschaft zum Loslassen – ganz neu Gelegenheit dazu!

Doch wie sieht es aus, wenn Krankheiten unvermittelt auf uns zukommen und uns vor ungeahnte Probleme stellen?

Das können Leiden sein,

- die Behinderungen und Begrenzungen auslösen
- die mit den Wechseljahren verbunden sind
- die altersbedingt sind.

Da müssen geliebte Pläne und Wünsche zu Grabe getragen werden. In manchen Fällen mag ein stotterndes »dennoch« Lebenskräfte behutsam aktivieren.

Aber das ist längst nicht immer möglich. Selbstmitleid schadet. Es bringt nicht weiter. Geduld und Zeit sind nötig, damit der Loslöseprozeß allmählich in eine innere Freiheit führen kann.

Wenn Jesus im Neuen Testament gesagt hat:

»Ich bin bei euch alle Tage bis an der Welt Ende« (Matthäus 28,20), dann trifft das auch – und gerade für solche Zeiten zu.

Er will mein Wegbegleiter sein.

Er ist die Abladestelle für meine Sorgen, Ängste und Schmerzen.

Unsere mit solchen Lasten gefüllten Hände sollen wir bei ihm entladen, völlig ausleeren, damit er uns ganz neu beschenken kann:

- mit einem neuen Blick
- mit einem gestärkten Sinn,

weil er mich nicht loslassen wird, weil er mich unendlich liebt.

Charlotte Hosch

6.
Preisgabe – Zitat

Zur Preisgabe gehört aber noch mehr als ich bisher aufgezeichnet habe. Im tiefsten Grunde ist sie nicht die Preisgabe unserer Kinder, sondern die Aufgabe der Selbsttäuschung über unsere eigene Macht, die Aufgabe der Einbildung, wir könnten mit unseren Fähigkeiten aus ihrem Leben etwas machen, wir könnten das Ziel ihres Lebens bestimmen.

John White

7.
Loslassen und neu orientieren

Gebet einer Alleinstehenden

Schon als Kind wurde ich darauf vorbereitet,
einmal als Hausfrau und Mutter mein Leben zu leben.
Viele Gedanken, Überlegungen
bis hin zur Ausbildung wurden dafür investiert.
Und nun soll ich dies alles loslassen.

Oft habe ich dann später den Traum vom Verliebtsein geträumt. Von der Ehe hatte ich mir alles Glück dieser Welt erhofft. Ich wollte Freud und Leid, schöne und schwere Stunden mit meinem Lebenspartner teilen.
Und nun soll ich dies loslassen.

Ich habe mir jemanden gewünscht, der mich liebevoll korrigiert, wenn ich mich falsch verhalte,
der mich bremst, wenn ich in Gefahr bin,
übers Ziel hinauszuschießen, der mich aufmuntert, wenn ich die Flinte ins Korn werfen möchte.
Und nun soll ich dies loslassen.

Ich habe mir Mutterglück gewünscht, das jede Frau erfüllt, wenn sie ihr eigenes Kind in den Armen hält.
Ich wollte gerne auf Beruf und Karriere verzichten,
um stattdessen für eine Familie zu sorgen.
Und nun soll ich dies loslassen.

Herr, hilf mir, diesen Gedanken
vom Traum des menschlichen Glücks
immer wieder den Abschied zu geben.
In dir ist alle Lebensfülle,
und du hast versprochen, für mich zu sorgen.
Öffne du mir immer wieder die Augen,
damit sie die Fülle entdecken können,
die du für mich bereitet hast.
Du umgibst mich von allen Seiten
und hältst deine Hand über mir.
Und deshalb will ich mich in deine Hand
fallen lassen.
Amen.

Ingerose Finkbeiner

8.
Gesunder Ablösungsprozeß – eine kleine Entwicklungsgeschichte

mit 4 Jahren:

- Mein Papa ist der beste Autofahrer.
- Keiner kann so gut Geschichten erzählen wie er.
- Meine Mama bäckt den besten Kuchen auf der ganzen Welt.
- Sie hat die schönste Stimme, die es nur gibt.
- Annette ist es gewohnt, daß die Mama ihre Meinung immer deutlich kundgibt und sich ausspricht. Da meint Annette: »Du, Mama, ich werde auch einmal wie du – so aussprechlich.«*

mit 12 Jahren:

- Mama, wenn du mit meinem Computer arbeiten willst, brauchst du nur zu mir zu kommen. Ich kann dir alles erklären.
- Den Papa brauche ich nicht mehr um Rat zu fragen. Ich kann mein Fahrrad selber reparieren.
- Wenn Mama uns nicht hätte! Weil wir zu Hause mitarbeiten, muß sie keine Putzhilfe anstellen.
- Ich bin so froh, daß ich mit meinen Eltern reden kann. Sie nehmen sich Zeit und hören mir zu.

* Hartmut Preß: »Mama ist 1000 Flöhe wert« München, 1990, S. 14

mit 18 Jahren

- Mama, du bekommst immer mehr »Lach«falten!
- Heute abend treffe ich mich mit … Ihr müßt nicht aufbleiben. Ihr könnt euch auf mich verlassen.
- Papa, warum fällt es dir schwer, diese Entscheidung zu treffen? Für mich ist die Sache geklärt. Ich glaube, ich denke in diesem Punkt anders als du.
- Mama, ich kann verstehen, daß dein Lebensstil der richtige für dich ist. Doch wenn ich einmal im Beruf stehe, werde ich neue Wege gehen müssen.
- Ich bin froh, daß ihr früher mit mir gebetet habt und ich in unserer Familie Gott kennenlernen konnte. Auch wenn ich jetzt in einer Krise bin, kann ich mir vorstellen, daß ich gerade dadurch eine ganz neue Beziehung zu Gott bekomme.
- Ich schätze mein Zuhause. Doch mir ist es wichtig, im Studium auch einmal auf eigenen Beinen zu stehen. Ich möchte selbständig sein.

mit 35 Jahren:

- Ich bin dankbar für mein Elternhaus.
- Ich lerne meine Eltern immer besser zu verstehen mit ihren Stärken und Schwächen.
- Seitdem ich selber Kinder habe, bin ich auch mit meinen Eltern barmherziger.
- Wenn wir jetzt unsere Eltern besuchen, ist es ein ganz neues Zurückkommen in der Achtung und gegenseitigen Wertschätzung.
- Ich möchte meine Schwiegerkinder später auch einmal so offen und herzlich annehmen wie es meine Eltern getan haben.

- In unserer Ehe sind wir in eine Krise geraten. Ich möchte nicht in die Vergangenheit flüchten, sondern mit meinem Partner gemeinsam die Lage bewältigen lernen.
- Noch bin ich alleinstehend. Manche Fragen und Probleme sind noch nicht gelöst. Doch ich möchte in meiner jetzigen Situation meinen Stand annehmen lernen und in der Selbständigkeit flexibel und offen bleiben.

Gerdi Stoll

Wertschätzung
ist das Öl, das die
gegenseitige Reibung
mindert.

9.
Kinder brauchen Gott

»Gottes Hände halten mich gleich dem Sternlein in der Bahn; keins fällt je aus Gottes Plan.«

Arno Pötzsch

Irgendwann kommt der Augenblick: Unser Kind geht selbständige Schritte – sucht eigene Wege.

Die Freude »Unser Kind kann schon gehen« wird im Verlauf der Jahre zu der bangen Frage: »Wo geht unser Kind hin?«

Wir werden es nicht mehr überall begleiten können. Unsere Hände reichen nicht aus um zu bewahren. Es muß alleine gehen.

Es kommt der Zeitpunkt, an dem Kinder die Hand der Eltern loslassen. Sie können und wollen jetzt ihre eigenen Wege gehen.

Aber Eltern und Kinder merken, daß jeder Mensch einen Halt braucht und Orientierung.

Es gibt Sackgassen – Irrwege – Umwege – Abwege.

Welch eine tröstliche Zusage, daß Gott seine Hand nicht von uns abzieht. Seine Hand reicht aus. Sie hält uns. Sie bewahrt uns. Sie leitet uns zum Ziel. Das wäre das Schlimmste, wenn ich mich aus seiner Hand befreien wollte.

Bärbel Wilde: »Einfach Kind sein«, Lahr-Dinglingen 1989[3]

10.
Gestörte Ablösungsprozesse

im Kindesalter:

- Das kleine Kind wird von einer Hand in die andere gereicht. Es erfährt keine echte Bindung an eine Bezugsperson.
- Das Kind kann immer nur dann einschlafen, wenn die Eltern bei ihm bleiben.
- Das Kind will, daß die Mutter es bis zum letzten Kindergartentag hinbegleitet und abholt.
- Treten Streitigkeiten mit Freunden und Klassenkameraden auf, hält es das Kind nicht länger alleine aus und sucht sofort Schutz bei den Eltern.
- Anleitung ist wichtig. Allzuviel Nörgelei der Eltern wirkt destruktiv und nimmt den Lebensmut.
  »Kathrin ist seit kurzem in der Schule und muß schreiben üben. Der Mama ist das nicht schön genug, und so muß Kathrin alles noch einmal schreiben. Begeistert ist sie davon nicht, aber sie tut, was ihr befohlen. Als sie das Ergebnis vorlegt, baut sie aber vor: »Also, Mama, wenn's dir jetzt wieder net paßt, geb ich das Schreiben auf und geh' wieder in den Kindergarten.«*

im Jugendalter:

- In der Zeit der Vorpubertät und Pubertät sucht der Jugendliche immer noch Halt, Orientierung und

* Hartmut Preß: »Mama ist 1000 Flöhe wert«, München, 1990, S. 78.

Ermutigung bei seinen Eltern. Stößt er fortlaufend auf: Keine Zeit – interessiert mich nicht – mach, was du willst –, fehlt ihm die nötige Wertschätzung zum Wachsen und Reifen, zu einem sich entwickelnden, gesunden Selbstwertgefühl.

- Aussagen wie:
  »Du hast zwei linke Hände, laß mich das machen.«
  »Aus dir wird mal nie was Gescheites.«
  »Wenn du weiter deine eigenen Wege gehst, wirst du schon noch im Sumpf landen« binden in negativer Weise. Dabei wird jedoch nicht das Motiv berücksichtigt, das den Jugendlichen zu bestimmten Verhaltensweisen antreibt.
  Auf diese Weise werden negative Denkmuster »Ich kann nichts«, »Ich bin nichts wert« im Jugendlichen verstärkt. Er hat Angst vor dem Erwachsenwerden.
- Liegt eine gestörte Beziehung zwischen den Eltern vor, kann ein empfindsamer junger Mensch den Eindruck haben, er sei schuld am Konflikt der Eltern. Er identifiziert sich mit den Problemen der Eltern und kämpft mal auf der einen Seite, mal auf der anderen.
- Ein überzogenes Harmoniebedürfnis in der Familie verhindert Offenheit und Echtheit. Probleme werden unter den Teppich gekehrt.
  Almut zu ihren Eltern: »Ich wünscht, ihr wärt manchmal etwas autoritärer, damit man sich mal so richtig nach Herzenslust auflehnen könnte.«**

** ebd., S. 91.

im Adoleszensalter:

- Der Heranwachsende wird noch immer im häuslichen Bereich völlig unselbständig gehalten.
- Innerlich ist er negativ an die Eltern gebunden, der Sohn an den Vater, die Tochter an die Mutter, weil er immer noch um Anerkennung, Lob und Angenommensein kämpft.
- Die Mutter sagt: »Ich habe gedacht, wenn ich so vernünftig bin und dich loslasse, daß auch du vernünftig bist und bei mir bleibst.«
- Durch den Tod eines Elternteils teilt das Kind alles mit dem zurückgebliebenen Elternteil: Sorgen, Nöte, selbst sogar den Schlafraum. Aus Verantwortungsgefühl heraus bleibt es gebunden und kann sich nicht lösen.
- Der Heranwachsende flüchtet aus der gestörten Beziehung zu seinen Eltern hinein in eine neue Abhängigkeit (Freundschaft, Ehe), ohne an seiner eigenen Persönlichkeitsreifung gearbeitet zu haben.

im Erwachsenenalter:

- Als Erwachsener schiebe ich immer noch die Verantwortung für mein Leben meinen Eltern zu.
- Die Eltern erhalten Schuldzuweisung, daß ich noch ledig bin.
- Die Eltern sind schuld, daß ich beziehungsunfähig geblieben bin.
- Der Ehepartner bleibt an 2. Stelle, weil die seelische Bindung an Vater/Mutter nicht losgelassen werden kann.

- Die negative Bindung an die Eltern bleibt aufrechterhalten, weil Schuld und Vergebung nicht ausgesprochen werden.

Angst lähmt.
Doch Vertrauen kann schrittweise wachsen.
Eigenverantwortung kann schrittweise eingeübt werden.
Mutige Lernschritte verändern unser Leben.

Die Bibel sagt:

Philipper 4,13
»Ich vermag alles durch den, der mich mächtig macht (Christus).«

Philipper 3,13 b
»Ich vergesse, was dahinten ist, und strecke mich aus nach dem, was da vorne ist …«

Römer 12,2 b
»Ändert euch durch Erneuerung eures Sinnes, damit ihr prüfen könnt, was Gottes Wille ist, nämlich das Gute und Wohlgefällige und Vollkommene.«

Gerdi Stoll

11.
Den verlorenen Sohn freigeben

Jesus erzählte weiter: »Ein Mann hatte zwei Söhne. Der jüngere sagte: ›Vater, gib mir den Teil der Erbschaft, der mir zusteht!‹ Da teilte der Vater seinen Besitz unter die beiden auf.

Nach ein paar Tagen machte der jüngere Sohn seinen ganzen Anteil zu Geld und zog in die Fremde. Dort lebte er in Saus und Braus und verjubelte alles. Als er nichts mehr hatte, brach in jenem Land eine große Hungersnot aus; da ging es ihm schlecht. Er fand schließlich Arbeit bei einem Bürger des Landes, der schickte ihn zum Schweinehüten aufs Feld.

Er war so hungrig, daß er auch mit dem Schweinefutter zufrieden gewesen wäre; aber selbst das verwehrte man ihm. Endlich ging er in sich und sagte: ›Die Arbeiter meines Vaters bekommen mehr, als sie essen können, und ich werde hier noch vor Hunger umkommen. Ich will zu meinem Vater gehen und zu ihm sagen: Vater, ich bin vor Gott und vor dir schuldig geworden; ich verdiene es nicht mehr, dein Sohn zu sein. Nimm mich als einen deiner Arbeiter in Dienst!‹

So machte er sich auf den Weg zu seinem Vater. Der sah ihn schon von weitem kommen, und voller Mitleid lief er ihm entgegen, fiel ihm um den Hals und küßte ihn. ›Vater‹, sagte der Sohn, ›ich bin vor Gott und vor dir schuldig geworden, ich verdiene es nicht mehr, dein Sohn zu sein!‹ Aber der Vater rief seine Diener:

›Schnell, holt das beste Kleid für ihn, steckt ihm einen Ring an den Finger und bringt ihm Schuhe! Holt das Mastkalb und schlachtet es! Wir wollen ein Fest feiern und uns freuen!

Mein Sohn hier war tot, jetzt lebt er wieder. Er war verloren, jetzt ist er wiedergefunden.‹ Und sie begannen zu feiern

Der Vater des verlorenen Sohnes ließ seinen Sohn gehen. Und Gott, unser himmlischer Vater, tut dasselbe. Er, der uns zwingen könnte, lehnt es ab, so zu handeln. Selbst seinen eigenen Bitten setzt er eine Grenze. Er versperrt uns nicht den Weg, wenn wir ihn verlassen wollen, indem er uns mit tausend Argumenten überschüttet. Ebensowenig verfolgt und plagt er uns mit dem Vorwurf: Ich habe es dir ja gesagt. Er gibt uns die volle Freiheit der Wahl.

Es liegt Weisheit und Gerechtigkeit in diesem Handeln. Wir steuern manchmal mit solcher Hartnäckigkeit einen unheilvollen Kurs, daß nur das Unheil uns noch lehren kann. Kaum etwas kann einen Menschen so deutlich lehren, daß er ein Narr ist, als ein Bauch voll Schweinefutter.

Aber wir Eltern sind selbstsüchtig in unserer Liebe. Wir können so schlecht loslassen. Wir wollen nicht wahrhaben, was ganz offensichtlich ist, daß jemand, der nur nach Dummheit trachtet, nicht mit Vernunftgründen von seinem Vorhaben abzubringen ist.

Gewohnheiten sind schwer zu brechen. »Sie *will einfach nicht* lernen!« Wie oft sagen wir uns das enttäuscht und entmutigt, nachdem wir zum hundertsten Mal unserer eigensinnigen Tochter eine Lektion erteilt haben. Die Gewohnheit, sie zu korrigieren, ist ein Teil unserer Selbst geworden. Je näher der Zeitpunkt heranrückt, an dem sie ihr eigenes Leben zu leben beginnt, um so heftiger korrigieren wir. Wir haben Angst vor dem, was sie erwartet. In unserer Angst versuchen wir immer stärker, die Tragödie abzuwenden und bringen den ungewollten Rat bei der nächsten Gelegenheit wieder an. Wir glauben unseren eigenen Worten nicht, daß sie nicht lernen *will.* Und doch ist es so, sie will einfach nicht.

Nicht die Liebe läßt uns so hartnäckig sein, sondern die Furcht. Es ist die Zeit des Loslassens gekommen. Aber wir haben weder die Liebe zu unserem Kind noch das Vertrauen zu Gott, um unseren Willenskampf aufzugeben. Wachstum fordert ständige Entscheidungen. In ihrer Jugendzeit schwanken die Kinder zwischen einem angeborenen Streben nach Unabhängigkeit und der Gewohnheit ihrer Kindertage, sich ganz auf die Eltern zu verlassen. Man kann keine wirkliche Entscheidung treffen, ohne ein Risiko einzugehen. Wir können unsere Kinder nicht vor den Gefahren ihrer eigenen Entscheidungen bewahren.

Immer und immer wieder haben mir traurige, aber weise Eltern gesagt: »Ich mußte erkennen, daß es ihr eigenes Leben ist, und habe meinen Mund gehalten, bin nur bereit gewesen, wenn sie mich brauchten.«

Sie brauchen sich nicht schuldig zu fühlen, wenn Sie Ihre Kinder ernten lassen, was sie nach ihrem eigenen Willen gesät haben; denn genau so handelt Gott mit uns. Es bereitet ihm keine Freude, uns unsere eigenen dummen Wege gehen zu sehen, bis wir schließlich bei den Schweinen landen. Aber er hatte nur zwei Möglichkeiten, entweder uns die volle Würde der eigenen Persönlichkeit mit allen darin enthaltenen Risiken zu geben oder uns zu versklaven und zu unselbständigen Kreaturen wie die Tiere zu machen. Er wählte die erste Möglichkeit. Er konnte uns nicht ein wenig niedriger als die Engel machen, ohne das Risiko einzugehen, daß seine Geschöpfe es vorziehen könnten, ein wenig besser als Dämonen zu werden. Die Liebe sagt: Ich gebe dir die hohe Würde der eigenen Entscheidungsfähigkeit, selbst wenn du es vorziehen solltest, mir mein Geschenk ins Gesicht zu schleudern.

Das Loslassen geschieht nicht auf einmal, es findet über Jahre hin in zunehmendem Maße statt. Dabei wollen die Tatsachen uns oft zwingen, die Zügel fest in die Hand zu nehmen. Aber wenn wir uns die Haltung des Loslassens zu eigen gemacht haben, können wir uns selbst und unseren Kindern manche Enttäuschung ersparen. Ja noch mehr: Wir geben unseren Kindern damit dieselbe hohe Würde, die Gott uns geschenkt hat. Es ist nicht alles verloren, wenn unsere Kinder törichte Entscheidungen treffen. Es wird sehr schmerzlich für uns sein, wenn wir sehen müssen, wie sie Schweinefutter essen. Aber es besteht die Hoffnung, daß sie aus dieser Erfahrung lernen werden, was sie durch keine Unterweisung und Verhaltensmaßregeln lernen konnten.

John White: »Eltern im Schmerz«. Marburg, 1989[2], S.187-188

12.
Preisgabe – Zitat

Preisgabe bedeutet auch,
bereit zu sein, die Kinder ihre
eigenen Probleme und Tragödien
bewältigen zu lassen,
ihnen zu erlauben,
die Konsequenzen ihres
Verhaltens zu tragen,
selbst wenn es sie an den Rand
des Todes bringt.
Preisgabe bedeutet,
die Kinder Gott anzuvertrauen,
statt sich auf die eigenen
Fähigkeiten zur Führung ihres
Lebens zu verlassen.

John White

13.
Mit den Augen einer Mutter (1. Kor 13)

Spräche ich im Jargon meiner Teenager
und verstünde die Sprache ihrer Altersgenossen
aber gäbe ihnen keine Liebe
ich wäre nichts als Lärm
der an ihre Ohren trommelt.
Könnte ich meinen Kindern sagen
was die Zukunft für sie bereithält
wüßte ich alles, was sie jemals erwartet
und glaubte ich unbeirrbar daran, daß eines Tages
jedes von ihnen es irgendwie schaffen wird
aber gäbe ihnen keine Liebe
ich wäre nichts.

Gäbe ich ihnen alles, was sie verlangen
opferte ich ihnen alles, was ich habe, sogar mein Leben
und gäbe keine Liebe
ich wäre nichts.
Elterliche Liebe ist geduldig
selbst mit irrenden Kindern.
Sie ist freundlich zu einer Tochter, die leidet.
Niemals sagt sie: »Ich habe es dir gesagt.«
Elterliche Liebe ist nicht grob zu einem unverschämten Sohn
und nicht leicht in Zorn zu bringen von seinem Verhalten.

Elterliche Liebe hat keine Freude daran,
daß Vaters düstere Prophezeiungen
nun wirklich eingetroffen sind,
sondern freut sich am geringsten positiven Zeichen
bei einem irrenden Kind.
Elterliche Liebe beschützt das Kleinkind
führt mit starker Hand den Heranwachsenden
hofft für jene, die straucheln
und bleibt beharrlich, ein Jahr ums andere.

Elterliche Liebe sollte niemals aufhören.
Unsere Zukunftspläne mögen zunichte werden.
Unser Rat mag ungehört verhallen.
Unser Wissen mag ungenügend sein.
Denn wir wissen nicht alles
und wir können nicht alles steuern
aber wir können lieben.

Als ich eine junge Mutter war
war ich eine Visionärin.
Ich hatte alle Antworten und kannte alle Rezepte
für erfolgreiche Kindererziehung.
Aber als meine Kinder erwachsen waren
gab ich auf, was unreif war.
Jetzt habe ich keine Antworten mehr.
Ich weiß so wenig
und mein Verständnis ist so begrenzt.
Erst im Himmel werde ich alles wissen.
Dort wird mein Verstehen vollständig sein,
meine Freude erfüllt sein
und meine Tränen werden abgewischt werden.

Drei Dinge hab ich jetzt:
Glauben,
daß meine Kinder ihrer Erziehung treu bleiben werden
Hoffnung,
daß sie ihre Zukunft beeinflussen wird
und Liebe
die beharrlich bleibt, komme was will.

Und das Größte von diesen ist Liebe.

Liebe ist ein Risiko, und Liebe kostet den Geber etwas – aber Liebe ist das größte Geschenk, das Eltern geben können.

Joy P. Gage

Joy P. Gage: »Wenn Kinder rebellieren«, Neuhausen, 1990, S. 120-128

14.
Loslassen – auch wenn's schwer fällt!

(Die Liebe Schwiegermutter)

Der Kaffeeplausch drohte langweilig zu werden. Frau Gabriele hatte sich Herthas Geschichte über ihre Katze aufmerksam angehört und einfühlsame Kommentare abgegeben. Auch die Garderobenfrage hatten sie besprochen, obwohl es Gabriele nicht so wichtig war, was sie in diesem Frühjahr tragen würde. Sie waren die Mütter des jungen Paares und sehr unterschiedlich veranlagt. Das junge Paar war acht Jahre verheiratet und hatte bereits drei Kinder.

Gabriele beschloß, aus dem Dahinplätschern auszubrechen. Sie fragte beherzt: »Warum warst du vorige Woche so wütend am Telefon?« Hertha tat, als müsse sie sich erst besinnen, dann sagte sie: »Weil Georg und Bärbel mir nichts davon gesagt haben, daß sie übers Wochenende mit den beiden Großen wegfahren wollten.« »Na und?« Gabriele sah erstaunt drein. »Hör mal! Ich muß doch wissen, wo sie sind!« »Mußt du wirklich?« »Ich verstehe dich nicht. Ich habe doch Interesse daran, was sie tun. Außerdem könnte was passieren.« Hertha redete sich warm. »Wenn ich nicht zufällig – ich betone zufällig! – Hannes am Telefon erwischt hätte, hätte ich nie erfahren, daß sie fortfahren und du beim Baby bleibst.«

»Warum hast du denn angerufen?« fragte Gabriele. »Weil ja immer ich anrufen muß, sonst wüßte ich gar nichts.« »Mich rufen sie auch nur an, wenn sie mich brauchen«, erklärte Gabriele ruhig. »Und das nimmst du so hin?« Herthas Stimme klang gereizt. »Es ist mir lieber so. Ich störe Bärbel nicht gern, wenn sie gerade das Baby füttert oder mit Hannes die Aufgaben macht oder mit Barbara Klavier übt.«

Hertha starrte sie an. »Soll das eine Kritik sein?« »Nun ja«, meinte Gabriele, »weißt du, Bärbel und Georg bemühen sich redlich, auf jedes Kind einzugehen; da stört vieles, was von außen kommt, vor allem auch unwichtige Telefonate.« »Unwichtig?« fragte Hertha empört. »Wenn ich als Mutter und Schwiegermutter mich interessiere für das, was sie tun?«

Trocken erklärte Gabriele: »Ich interessiere mich auch sehr für die junge Familie, aber ich habe Respekt vor ihrem Eigenleben.«

Herthas Lachen klang rauh, als sie rief: »Du hast leicht reden! Du hast neben deiner Tochter drei Söhne, ich nur diesen einen, den Mann deiner Bärbel. Und der allein zählt für mich!«

Darin schwang so viel Besitzerstolz mit, daß Gabriele erschrak. Langsam meinte sie: »Zum Glück haben mir meine Söhne rechtzeitig beigebracht, daß sie ihr Leben allein leben wollen, ohne meine Einmischung.« »Wie bitte?« »Ja«, sagte Gabriele, »ich sehe und höre meine Söhne nur, wenn sie es auch wollen; wenn sie es für angebracht halten.«

»Dann hast du sie nicht dazu erzogen, Prioritäten im Leben zu setzen!« Herthas Stimme war nun hart. »Prioritäten?« »Prioritäten, jawohl! Und zu den Prioritäten der Jungen gehört, daß sie ihre Mütter in ihr Leben einbeziehen. Wir haben sie geboren, wir haben sie großgezogen, wir haben ein Anrecht auf ihr Leben.«

Gabriele wollte den Kindern, die unter der mütterlichen Belagerung dieser Frau immer wieder litten, so gern helfen. Doch die Aussprache schien falsch zu laufen. Sie gab sich einen Ruck: »Anrecht haben wir beide nicht auf ihr Leben, Hertha! Sie müssen es selbst gestalten«, sagte sie bestimmt. »Wir dürfen einspringen, helfen, wenn es nötig ist, und raten, wenn sie es wollen. Aber sie sind eigenständige Persönlichkeiten und für ihr Tun sich selbst und nicht uns verantwortlich.«

Hertha sah sie fassungslos an. »Und ich?« fragte sie empört. »Du mußt eben dein Leben gestalten. Du hast viele Begabungen, und du bist eine so gebildete Frau. Du hast viele Möglichkeiten, aus deinem Leben etwas Wertvolles zu machen, ohne die Kinder derart zu belasten.«

Jetzt war's heraus! Gabriele atmete tief durch.

Einen Moment lang war es still im Raum. Dann stand Hertha auf. »Das muß ich erst einmal allein und in Ruhe bedenken«, sagte sie nachdenklich. »Vielleicht hast du recht. Adieu.«

Henriette Blasl

15.
Loslassen – und dann?

Erfahrungsbericht einer Witwe

Eigentlich war ich der Meinung, ich hätte in punkto Loslassen, an der Seite eines Pfarrers, meine Lektionen gelernt. Immerhin hatte ich im Laufe unserer über dreißigjährigen Ehe an mehreren Orten und in verschiedenen Pfarrhäusern gewohnt. Vielerlei Menschen hatten dabei meinen Weg gekreuzt. Unter Hingabe und Einsatz waren Vertrauen und Liebe gewachsen. Aus einst fremden Menschen wurden vertraute Freunde und Geschwister. Doch jedes Mal hieß es eines Tages wieder weiterziehen und loslassen. Das war gar nicht so leicht. Nun begann alles wieder von neuem. Wieder kamen wir als Fremdlinge und sahen uns einer abwartenden Gemeinde gegenüber. Dennoch begriff ich dieses Loslassen der alten Gemeinden als Chance. Wir wurden dadurch ja frei für Neues! Bisherige Zuständigkeiten und Verantwortlichkeiten wurden uns abgenommen, und auch weniger Gutes durfte zurückbleiben.

So hatte dieses Loslassen bis zum Tode meines Mannes eine ganz andere Qualität. Jetzt mußte ich den Menschen, mit dem ich am engsten verbunden war, mit dem ich zu einer Einheit verwachsen war und der mit mir durch dick und dünn gegangen war, ganz und für immer loslassen. Auch das Loslassen der Kinder war da anders. Ihm ging im Grunde ein stetiges Einüben voraus. Da waren zuerst die Kindergartenkinder, dann die Schulkinder und später die jungen Erwachsenen, die sich loslösten. Aber das war nur natürlich. Und nach ihrer Eheschließung blieben wir uns ja auch weiter in Liebe verbunden. So war der Tod meines Mannes auch kein Loslassen, sondern ein gewaltsames Weggerissenwerden. Es war nicht zu fassen. An eine solche Trennung hatte ich noch nicht einmal gedacht. Ich hatte mich doch so sehr auf den Ruhestand mit meinem Mann gefreut. Es sollte noch einmal ein ganz neues, durch Amt und Familie unbeschwertes Miteinander werden! Und hatten wir das nicht auch verdient? Nun aber starb mein Mann völlig überraschend an den Folgen einer Operation. Wie anders war alles gekommen! – Manches Mal hatte ich mir schon unseren letzten, glücklichen Auszug aus dem Pfarrhaus vorgestellt. Fröhlich sah ich mich die Treppen hinunterhüpfen, mit den vergnügten Worten auf den Lippen: »Hallo, wir gehen in den Ruhestand!« Aber nun, ein Jahr schon vor dem geplanten Termin, kam dieser letzte Aus- und Umzug unter so anderen, so bitteren Umständen. Der Abschiedsgottesdienst wurde zum Trauergottesdienst, und mein letzter Gang in der Gemeinde war der Gang zum Friedhof. Nun war der »Verlust« der Kinder, der Gemeinde, der vertrauten Arbeit auf einmal sehr schmerzhaft. Am neuen Ort war ich fremd, obgleich dies mein Geburtsort war. Hier war ich ein Niemand. Ich war allein. Nein, natürlich nicht. Ich hatte ja meine Bibel. Ich wußte um die Nähe Jesu. Doch dieses Wissen war nur in meinem Kopf. Im Herzen war alles leer und verwundet und so entsetzlich sinnlos! Wozu war ich noch auf der Welt? Wer brauchte mich noch? Niemand! Es war ein unsagbar qualvoller Prozeß, dieses äußere und innere Loslassen meines Mannes und meiner schönen Zukunftspläne.

In dem biblischen Wissen und Glauben, daß denen, die Gott lieben, alle Dinge zum Besten dienen, hatte ich zwar eine gute Basis, auf die ich mich oft besann. Dennoch war alles sehr schwer. Vor allem auch deshalb, weil nur relativ wenig Menschen verstehen konnten, in welchen Tiefen ich mich befand. Behutsam wurde mir mein Glaube vorgehalten. Ich sollte Initiativen ergreifen, aber ich hatte doch keine Kraft und keinen Schwung. Die Trauer, aber auch mein Eigenwille, mein Trotz und meine Empörung – dies alles lähmte mich völlig. Nicht ein einziges Jahr des Ruhestandes war uns gegönnt worden. Wie oft hatte mein Mann sehr alte Menschen beerdigen dürfen! Ich fühlte mich von Gott verraten. Dennoch gab es für mich nur zwei Möglichkeiten: entweder meinen Mann in den Willen Gottes loszulassen und mich meiner neuen Situation zu stellen, oder aber in Selbstmitleid und Bitterkeit zu verkümmern.

Nun, das Wunder ist geschehen. Ich konnte ein Ja zum Loslassen und zur neuen Lebenssituation finden. Die Fesseln der Trauer, der Verzweiflung, der Angst und Bitterkeit sind dadurch aufgesprungen. Ich kann mich wieder freuen. Ich kann die Liebe und Fürsorge Gottes wieder sehen und aus einer frohen Dankbarkeit heraus leben. Doch dies alles ist ein unverdientes Geschenk.

Ilse Roser

16.
Haussegen

Unser Hausschild

Vor einigen Jahren habe ich eine kleine Tontafel modelliert. Sie hängt neben der Haustüre und trägt unseren Namen. Die Familie, Mutter und Vater und die Kinder, haben ihren Platz unter dem weiten Mantel des großen Schmerzensmannes, der seine Arme wie ein bergendes Dach über uns hält, das Haupt dem Eintretenden zugeneigt.

Inzwischen sind die Kinder älter geworden und leben teilweise schon außer Haus. Wir können und sollen sie nicht festhalten und unters Dach binden. Lieben heißt auch loslassen.

Aber noch immer ist das Hausschild da, und wenn ich durch die Türe gehe, fällt der Blick manches Mal auf Frau und Kinder und auf mich. Wir bleiben unter dem Mantel, und unter unserem Namen steht gleich einer schützenden Mauer das Wort aus dem 57. Psalm: »Unter dem Schatten deiner Flügel habe ich Zuflucht« (2 b).

Dieter Eisenhardt

Dieter Eisenhardt: »Alles Gute zum Geburtstag!« Neuhausen, 1990, S. 44.

Weiterführende Literatur zum Thema

Dieterich, Michael: Das Gespräch in der Erziehung. Dillenburg, 1987

Gage, Joy P. : Wenn Kinder rebellieren. Neuhausen, 1990

Hemminger, Hansjörg: Gefühle – sich und andere verstehen. Stuttgart, 1990

Mühlan, Eberhard: Zwischen 12 und 17. Aßlar, 1986

Ruthe, Reinhold: Elternbuch. Wuppertal, 1986

Ruthe, Reinhold: Fräulein Tochter und Herr Sohn. Neukirchen, 1985

Trobisch, W., Conway, J.: Auch Eltern brauchen Liebe. Marburg, 1982

White, John: Eltern im Schmerz. Marburg, 1989

hänssler

Elisabeth Elliot

Mann sein – Frau sein

Verschiedenartigkeit und Gleichberechtigung

Gb., 168 S., Nr. 71.608
ISBN 3-7751-1716-4

Mann und Frau – unvereinbare Gegensätze? Nie endende Machtkämpfe? Anerzogene Rollenspiele? – ein weites Feld voller Unsicherheiten.
In ihrem Buch umreißt Elisabeth Elliot klar und voller Engagement das Verständnis von »Mann sein« und »Frau sein« aus biblischer Sicht: Mann und Frau als Ebenbild Gottes. Männlichkeit und Weiblichkeit als Gabe und Auftrag. Nicht zuletzt sind Mann und Frau als Braut und Bräutigam ein tiefes Bild für das Geheimnis der Liebe Christi zur Gemeinde.
Sei, was du bist, sei Mann, sei Frau – Freude dazu vermittelt dieses Buch.